LC #: 93–74565
Cloth ISBN: 1–880238–04–7
Paper ISBN: 1–880238–05–5

First Edition
94 95 96 97 98 5 4 3 2 1

→►◄←

The publication of books by BOA Editions, Ltd., is made possible with the
assistance of grants from the Literature Program of the New York State
Council on the Arts and the Literature Program of the National
Endowment for the Arts, as well as from the Lannan Foundation,
and the Lila Wallace – Reader's Digest Literary Publishers Marketing
Development Program.

→►◄←

Cover Art: Etching by Robert Marx
Courtesy of Garth and Kristina Weber
Author Photo: Ulf Andersen
Courtesy of Éditions du Seuil
Cover Design: Daphne Poulin
Typesetting: Foerster FineLines, York Beach, ME
Manufacturing: McNaughton & Gunn, Lithographers
BOA Logo: Mirko

BOA Editions, Ltd.
A. Poulin, Jr., President
92 Park Avenue
Brockport, NY 14420

DAY HAS NO EQUAL
BUT NIGHT

POEMS BY ANNE HÉBERT

Translated by A. Poulin, Jr.

BOA EDITIONS, LTD. • BROCKPORT, NY • 1994

*These translations
for the women,
Susan Burke, Pamela Eustace,
Sandi Henschel and Boo Poulin*

✦⟩⟨✦

CONTENTS

NEW POEMS   1987–1989

→►◄←

LE JOUR N'A D'ÉGAL QUE LA NUIT

DAY HAS NO EQUAL BUT NIGHT

ÉCRIRE UN POÈME

Écrire un poème, c'est tenter de faire venir au grand jour quelque chose qui est caché. Un peu comme une source souterraine qu'il s'agirait d'appréhender dans le silence de la terre. Le poète est une sorte de sourcier, sans baguette de coudrier, ni aucune baguette magique, qui se contente d'être attentif (à la pointe extrême de l'attention) au cheminement le plus lointain d'une source vive. La moindre distraction de sa part suffirait pour que disparaisse et se cache ailleurs ce souffle d'eau dans le noir, cette petite voix impérieuse qui cogne contre son cœur et qui demande la parole.

La ferveur ne suffit pas, il faut la patience quotidienne de celui qui attend et qui cherche, et le silence et l'espoir, sans cesse ranimé, au bord du désespoir, afin que la parole surgisse, tntacte et fraîche, juste et vigoureuse. Et alors vient la joie.

Le poète est au monde deux fois plutôt qu'une. Une première fois il s'incarne fortement dans le monde, adhérant au monde le plus étroitement possible, par tous les pores de sa peau vivante. Une seconde fois il dit le monde qui est autour de lui et en lui et c'est une seconde vie aussi intense que la première.

L'imaginaire est fait du noyau même de notre être avec tout ce que la vie, au cours des années, a amassé de joies et de peines, d'amour et de colère, tandis que la terre qui nous entoure fait pression, dans sa puissance énorme, et s'en gouffre et il y a passage du dehors au dedans et du dedans au dehors, échange et jubilation. Le poète saisit sa proprc vte à deux mains, au moment même où l'univers sauvage bascule en lui. La parole, empoignée de toutes parts, est dite, surprenante et de naissance inconnue, pourrait-on croire, tant l'événement nous dépasse et nous enchante.

--><--

TO WRITE A POEM

To write a poem is to try to make something that's hidden come out into broad daylight. Somewhat like an underground spring that must be seized in the silence of the earth. The poet is a kind of sorcerer, without a divining rod, or any magic wand, who is content with being attentive (to the extreme point of attention) to the farthest meanderings of a brisk spring. The slightest distraction on the poet's part is enough for this breath of water to disappear and hide itself in the dark, this small imperious voice that knocks against the poet's heart and asks for a word.

Fervor doesn't suffice; what's needed is daily patience on the part of the one who waits and searches, and silence and hope endlessly revived, on the edge of despair, in order that the word may rise, whole and fresh, just and vigorous. And then joy comes.

The poet comes into the world twice rather than once. The first time, he becomes fully incarnate in the world, adhering to the world as strictly as possible, by all the pores of his living skin. The second time, he speaks the world that's around him and in him, and that second life is as intense as the first.

The imaginary is made from the very pit of our being, with all that life, in the course of years, has gathered from joy and pain, from love and hatred, while the earth that surrounds us with its enormous strength applies pressure, rushes in, and there is a flow from the outside to the inside, exchange and jubilation. The poet seizes his own life with two hands, at the very moment when the untamed universe topples in him. Caught on all sides, the word is spoken, surprising and of unknown origin, we might believe, the event so surpasses and enchants us.

→>—<+

POÈMES ANCIENS
1961–1980

OLD POEMS
1961–1980

-+><+-

TERRE ORIGINELLE

Pays reçu au plus creux du sommeil
L'arbre amer croît sur nous
Son ombre au plus haut de l'éveil
Son silence au cœur de la parole
Son nom à graver sur champ de neige
Et toi, du point du jour ramené,
Laisse ce songe ancien aux rives du vieux monde
Pense à notre amour, l'honneur en est suffisant
L'âge brut, la face innocente et l'œil grand ouvert
L'eau douce n'est plus de saison
La femme est salée comme l'algue
Mon âme a goût de mer et d'orange verte
Forêts alertées rivières dénouées chantent les eaux-mères
    de ce temps
Tout un continent sous un orage de vent
En route, bel amour, le monde se fonde comme une ville de toile
S'accomplisse la farouche ressemblance du cœur
Avec sa terre originelle.

--><--

ORIGINAL EARTH

Land received in deepest sleep
The bitter tree grows above us
Its shade at the peak of awakening
Its silence at the heart of the word
Its name to be carved in a field of snow.
And you, brought back to daybreak,
Leave this ancient dream on the old world's shores
Think of our love, the honor is sufficient
Brute age, innocent face and wide-open eye.
Soft water is no longer in season
The woman is as salty as seaweed
My soul tastes of sea and green orange.
Alerted forests, unleashed rivers singing time's primal waters
A whole continent under a wind storm.
On the way, lovely love, the world founds itself like a linen city
The heart's wild resemblance
To its original earth is accomplished.

+>-<+

ET LE JOUR FUT

Pain, vin, fruits, amour, terre, saisis aux douanes étrangères,

Tous debout, les bras contre le corps, en flagrant délit d'attention

Et la tendresse du jour autour de nous comme une eau bleue.

Que chacun réclame son dû, vieille échéance, âme et noyau des
fureurs et du cri,

L'instant présent rayonne, douceur, fleur et pulpe, toute la terre, bel
anneau calme, gravite autour du cœur justicier.

Main mise sur la ville entière, regards aux poings comme des
torches,

Connaissance sur les places ouvertes, l'arbre de la parole fait de
l'ombre sur le silence brûlé de colère.

Qui dit son ressentiment éprouve son cœur au côté comme une
arme fraîche,

Qui nomme le feu, le voit en face qui bouge, tout en fleurs, comme
un buisson de vie

Le jardin sera très grand, sous de hautes maîtrises d'eaux et de
forêts, bien en terre, bien en souffle, et toutes feuilles lisibles
dans le vent,

Qui dit vent, qui dit rivière, voit la terre qui s'agenouille,

Qui dénonce les méfaits des ancêtres et l'angoisse cultivée aux
fenêtres des femmes, pareille à une oseille pourpre,

AND THERE WAS LIGHT

Bread, wine, fruit, love, country seized at foreign customs,

All standing, arms at our sides, in a flagrant break of attention,

And the tenderness of day around us like blue water.

Let everyone reclaim his due, old debt, soul and stone of fury and the cry,

The present moment radiates, mildness, flower and pulp, the whole earth, lovely calm ring, revolves around the justice-loving heart.

Hand laid on the entire city, the stare of fists like torches,

Understanding in open spaces, the tree of the world is shade for a whole nation burnt by anger.

Whoever speaks his resentment, feels his heart nearby like a fresh weapon,

Whoever names the fire, sees it stir before him, all in bloom like a bush of life,

The garden will be very large, under the great mastery of waters and forests, deep in earth, deep in breath, and all leaves legible in the wind,

Whoever says wind, whoever says river, sees the earth kneeling down,

Whoever denounces the wrongs of ancestors and the anguish cultivated at the window sills of women like a purple sorrel,

Retrouve la force de ses bras et l'allegéance de sa joie entre ses
doigts pacifiés,

Qui prononce clairement le mot magie et lave à grande eau les
pierres sacrées, délie le bouc et l'agneau, condamne la fleur du
sacrifice au flanc du prêtre et des esclaves.

Tout sortilège dissipé, l'effort dur pour la vérité dans sa terre
originelle,

Notre droit devant nous à débarbouiller telle une monnaie enfouie
sous la peur,

Nos paumes arrachant la malédiction comme un masque pourri,

Nos yeux, nos mains, nos lèvres se reconnaissant, l'homme et la
femme inextricables sous le désir, broussaille d'épines et de
lait, l'amour vendangé en plein midi,

L'enfant crie dans nos veines. Et pour son entrée dans le monde
nous lui offrirons la démarche souveraine de celle qui goûte
l'aube dans ses deux mains, pour y faire boire le fils de l'homme.

-+->-<-+-

Rediscovers the strength of arms and the allegiance of joy between pacified fingers,

Whoever clearly pronounces the magic word and washes the sacred stones in wide-open water, unbinds the buck and the ewe, condemns the sacrificial flower at the flank of the priest and the slaves.

All spells dispelled, the handsome hard struggle for the truth in its original earth,

Our right in front of us to be cleaned up like silver money buried under fear,

Our palms tearing off the curse like a rotten mask,

Our eyes, our hands, our lips recognize themselves, man and woman inextricable in desire, underbrush of thorns and milk, love harvested at high noon,

The child cries in our veins. And for his entry into the world we'll offer him the sovereign procession of one who tastes dawn in her two hands so that the son of man can drink it.

-+->-<+-

PLUIE

Pluie sur la ville qui s'ébroue, ses chevaux de pierre aux fontaines, sabots, crinières, beaux griffons, fument les rues mouillées, roulent les quais rouillés,

Toi, ta force et ton sommeil, ton rêve sous ta paupière fermée, amande noire au cœur de la nuit, ton bras sur mes reins, comme une ceinture,

Pluie sur la vitre, faufils, aiguilles liquides; de grands métiers tremblent, lissent ton sort et le mien, tisserands aveugles, rivières, fleuves, la nuit, navette et fuseaux, se dévide, forêts de feuilles fraîches secouées,

Toi, ton rire, ton œil d'oiseau, ton visage qui luit; l'amour s'étend sur moi,

Pluie, au loin l'éclat jaune des platanes, fougères aux troncs noirs, places peuplées de colères brèves, fourmilières brutes où la sagesse noue et dénoue un mince fil secret,

Toi et moi, île dans la ville, sous la pluie, mis au monde, mêlés ensemble comme la terre et l'eau avant le partage,

Pluie sur la vitre. Si j'abandonne ton corps couché et pars en songe aussi, soulève des arches de pluie, quitte la chaleur du lit, goûte le sel des eaux marines à l'horizon roulées, toute la terre accessible, pareille à un tapis,

Toi, ta parole et ton silence, ta vie et ta beauté, ton amour me ramènent inlassablement, tel un rosier sauvage qu'on allume dans la nuit, sous la pluie.

➙➤◄┉

RAIN

Rain on the city shaking itself, its stone hair in the fountains, hoofs, manes, handsome griffins, the wet streets steaming, rusted piers rolling

You, your power and your sleep, your dream under your eyelid, black almond at the heart of night, your arm around my waist like a belt

Rain on the window pane, tacking threads, liquid needles; great looms tremble, bind your fate and mine, blind weavers, rivers, floods, the night unwinds, shuttles and spindles, a forest of fresh shaken leaves

You, your laughter, your bird's eye, your shining face; love stretches out over me

Rain, in the distance the yellow explosion of plane-trees, ferns with black trunks, places peopled with brief angers, brute ant-hills where wisdom ties and unties a thin secret thread

You and me, island in the city, in the rain, brought into the world, mingled together like earth and water before the division

Rain on the window pane. If I leave your lying body and also walk away in a dream, raise arches of rain, abandon the warmth of the bed, taste the salt of sea-water rolled to the horizon, the whole world accessible, like a carpet

You, your word and your silence, your life and your beauty, your love tirelessly brings me back, like a wild rosebush we set on fire in the night, in the rain.

➤➤◄◄

AMOUR

Toi, chair de ma chair, matin, midi, nuit, toutes mes heures et mes saisons ensemble,

Toi, sang de mon sang, toutes mes fontaines, la mer et mes larmes jaillissantes,

Toi, les colonnes de ma maison, mes os, l'arbre de ma vie, le mât de mes voiles et tout le voyage au plus profond de moi,

Toi, nerf de mes nerfs, mes plus beaux bouquets de joie, toutes couleurs éclatées,

Toi, souffle de mon souffle, vents et tempêtes, le grand air de ce monde me soulève comme une ville de toile,

Toi, cœur de mes yeux, le plus large regard, la plus riche moisson de villes et d'espaces, du bout de l'horizon ramenés.

Toi, le goût du monde, toi, l'odeur des chemins mouillés, ciels et marées sur le sable confondus,

Toi, corps de mon corps, ma terre, toutes mes forêts, l'univers chavire entre mes bras,

Toi, la vigne et le fruit, toi, le vin et l'eau, le pain et la table, communion et connaissance aux portes de la mort,

Toi, ma vie, ma vie qui se desserre, fuit d'un pas léger sur la ligne de l'aube, toi, l'instant et mes bras dénoués,

Toi, le mystère repris, toi, mon doux visage étranger, et le cœur qui se lamente dans mes veines comme une blessure.

→>—<←

LOVE

You, flesh of my flesh, morning, noon, night, all my hours and seasons together,

You, blood of my blood, all my fountains, the sea and my spurting tears,

You, the pillars of my house, my bones, tree of my life, mast of my sails and the whole voyage at the very depths of me,

You, nerve of my nerves, my most beautiful bouquets of joy, all colors exploded,

You, breath of my breath, winds and storms, the great air of this earth lifts me like a linen city,

You, heart of my eyes, the largest gaze, the richest harvest of cities and space hauled back from the edge of the horizon,

You, the taste of the world; you, the perfume of wet paths, seas and skies fused on the sand,

You, body of my body, my earth, all my forests, the universe toppling mad in my arms,

You, the vine and the fruit; you, the wine and the water; you, the bread and the table, communion and knowledge at the gates of death,

You, my life, my life freeing itself, running away on the line of dawn with a fleeting step; you, the instant and my untied arms,

You, the recaptured mystery; you, my soft, strange face, and the heart that laments in my veins like a wound.

→>—<+

FIN DU MONDE

Je suis le cri et la blessure, je suis la femme à ton flanc qu'on outrage et qu'on viole.

L'Apocalypse t'enchaîne à son char, l'horreur te lie les mains, amour, amour qui t'a crevé les yeux?

Mon cœur de paix violente, je te l'avais donné, plus nu que mon corps,

J'ai des caresses ruisselantes, la mort et les larmes sont mes parures,

Mon âme, sous un feu si noir, sèche comme le sel, et ta soif s'y pose, bel oiseau fou.

Amour, amour; ni pain, ni jour, la terre flambe, l'éclair s'étend entre nous, malédiction!

Le feu lâché, bête infinie, l'âge de la terre se rompt par le milieu,

Tout l'horizon, bel anneau bleu, d'un seul coup, se raye à jamais, ceinture de roc tordue. Passé, avenir abolis, règne le présent, vaste empire des furies; l'agonie du monde se fonde, démence au poing.

Au centre de la femme germent l'ange-poisson, la licorne aveugle et mille fougères bistre, pour fleurir de vastes plaines sans air, ni eau, absence aux crosses brûlées,

Toute enfance annulée, notre fils, comme du sable, file entre nos doigts,

Souviens-toi. Encore un peu, souviens-toi; nos mains jointes ensemble. Souviens-toi! L'injustice roule un flot de boue. Tendre mémoire craque à nos tempes.

END OF THE WORLD

I am the cry and the wound, I am the woman at your side who's outraged and ravished.

The apocalypse chains you to its chariot, horror ties your hands, love, love, who gouged your eyes?

My heart of violent peace, I had given it to you, more naked than my body,

My caresses flow, death and tears are my jewelry,

Under such a black fire, my soul dries up like salt, and your thirst perches on it, lovely wild bird.

Love, love; neither bread, nor day, the earth flares, lightning stretches itself between us, a curse!

The fire launched, timeless beast, the earth's age splits at its center,

With just one blow the whole horizon, lovely blue ring, scores itself out forever, belt of twisted rock. Past, future abolished, the present rules, vast empire of fury; the world's agony melts, madness in hand.

At the woman's center the angel-fish, the blind unicorn and a thousand swarthy ferns germinate to flower vast plains without air or water, absence of burned staves,

All childhood annulled, our son trickles through our fingers like sand,

Remember. Remember still a little more; our hands joined together. Remember! Injustice rides a flood of mud. A tender memory cracks in our temples.

Tes yeux, tes yeux sur moi, le ciel se déchire de haut en bas, l'effroi dessine un tableau vide,

La fièvre court en ce désert, tremble la terre, vieille échine broyée.

Tes mains, tes mains sur mon cœur, encore un peu de temps, un peu de temps, folle prière,

Le sang dans tes veines fait des bonds terribles, se change en monstre, toute fureur moquée, entends ce rire énorme secouer mille forêts abattues,

Ta bouche sur la mienne, viennent la poussière et la cendre; amour, amour perdu.

Haine et guerre, souviens-toi, souviens-toi, amour blessé, quelle longue jarre fraîche à ton flanc renversée, c'etait l'été.

Grondent les hivers noirs amassés; ta force, ta force, ami, qui t'a désarmé, te prenant le cœur comme une fronde?

Et toi et moi, et moi et toi, et toi avec moi! Vivre! Nous sortirons de ce puits, la mort n'a pas si grand visage qu'elle barre l'entrée à jamais.

Le silence pousse dans ma bouche comme une herbe. Tous les mots, un jour, me furent livrés. Ne trouve que ce cri.

Maison pillée. Cœur ouvert. Dernière saison. Plus que ce cri en plein ventre. Fontaine de sang. Cri. Qui te rappelle en vain, amour, amour tue.

→›‹←

Note: Ce poème a été écrit à la demande de Frank Scott, en 1962, au moment de l'affaire des missiles à Cuba.

Your eyes, your eyes on me, the sky splits from top to bottom, terror paints an empty canvas,

Fever roams in this desert, the earth trembles, old pulverized spine.

Your hands, your hands on my heart, a little longer still, a little longer, mad prayer,

The blood in your veins pulses with terror, changes into a monster, all fury mocked, hear this enormous laugh shake a thousand felled forests,

Your mouth on mine, when dust and cinders come; love, lost love.

Hatred and war, remember, remember, wounded love, that tall cool jar spilled at your side, it was summer.

Amassed black winters growl; your strength, your strength, friend, who disarmed you, seizing your heart like a sling?

And you and me, and me and you, and you with me! Alive! We'll crawl out of this well, death's face isn't large enough to bar the entrance forever.

Silence grows in my mouth like an herb. One day all words were given to me. Find only this cry.

Pillaged house. Open heart. Last season. More than this cry in the pit of my stomach. Fountain of blood. Cry. Recalling you in vain, love, murdered love.

→►◄←

Note: This poem was written at the request of Frank Scott, in 1962, at the time of the Cuban missile crisis.

NOËL

Noël, vieille rosace encrassée par les siècles, tant de patines charbonneuses au tympan des cathédrales, masques et chimères au front des hommes, miel et tilleul au cœur des femmes, guirlandes magiques aux mains des enfants,

Vétuste tableau noir ou crisse la craie des dictées millénaires, passons l'éponge, vieil écolier, regarde le revers de ta manche, la suie du monde y laisse des lichens d'ébène,

Femme, essuie tes larmes, la promesse, depuis le point du jour, claironne la joie, que ton œil voie sans mentir les beaux vaisseaux en rade, cargaisons amères, crève en mer le cœur gonflé de rêve.

Voix d'ange à l'oreille du berger sommeillant: « Paix aux hommes de bonne volonté », mot de passe repris en chœur par de grandes guerres, battant le ventre du monde, l'une appelant l'autre, pareilles aux marées d'équinoxe déferlant sur le sable,

Roulement de blessés, vingt siècles en marche, germent les morts aux champs d'honneur, graines folles au hasard des printemps hâtifs; les visages de l'amour se perdent à mesure, clignent entre nos mains, feux minuscules, brassées de coquelicots froissés,

Ceux qu'on aime, ceux qu'on hait, tressés ensemble, doux chapelets, beaux oignons sauvages aux greniers pleins de vent, mémoires ouvertes, vastes salles tendues pour le retour d un seul pas dans l'escalier,

Tant d'innocents entre deux gendarmes, le crime au front, gravé avec application par un scribe, par un notaire, par un juge, par un prêtre, par toute sagesse prostituée, tout pouvoir usurpé, toute haine légalisée,

NOEL

Noel, ancient rose-window encrusted by centuries, the luster of so much coal dust on the tympana of cathedrals, masks and chimeras on the brows of men, honey, sugar and linden in the hearts of women, magic garlands in children's hands,

Decrepit blackboard where the chalk of millennial dictations grate, use the sponge, old student, look at the back of your sleeve, the soot of the world leaves ebony lichens on it,

Woman, wipe your tears, ever since daybreak the promise has bugled joy, without lying, let your eye see those lovely moored vessels — bitter cargoes, the dream swollen heart bursts at sea.

Angel's voice in the dozing shepherd's ear: "Peace to men of good will," password picked up in chorus by great wars, battering the belly of the earth, one calling the other, like equinoctial seas unfurling on the sand,

On the march for twenty centuries, the tread of the wounded sprouts corpses in fields, wild seeds in the hazards of premature springs; the faces of love are slowly lost, blinking in our hands, minuscule fires, armfuls of bruised red poppies,

Those we love, those we hate, braided together, sweet strings of beads, lovely wild onions in windy attics; wide open memories, vast halls maintained for the return of just one footstep on the staircase,

So many innocents between two guards, the crime on the brow, diligently engraved by a scribe, by a lawyer, by a judge, by a priest, by all prostituted wisdom, all usurped power, all legalized hatred,

Qui se plaint de mourir tout seul? Quel enfant vient au monde? Quelle grand-mère, à moitié couverte par la mort, lui souffle à l'oreille que l'âme est immortelle?

Qui cherche à tâtons la face obscure de la connaissance, tandis que monte le jour et que le cœur n'a que la tendresse des larmes pour tout recours?

Cœur. Tendresse. Larmes. Qui lave des mots dans la rivière, à grande eau, les plus perdus, les plus galvaudés, les plus traînes, les plus trahis?

Qui face à l'injustice offre son visage ruisselant, qui nomme la joie à droite et le malheur à gauche, qui recommence le matin comme une nativité?

Noël. Amour. Paix. Quel chercheur d'or, dans le courant, rince le sable et les cailloux? Pour un seul mot qui s'écale comme une noix, surgit l'éclat du Verbe en sa naissance.

→>-<←

Who complains of dying alone? What child is being born? What grandmother, half-covered by death, whispers in his ear that the soul is immortal?

Who gropes for the obscure face of knowledge, while day rises and the heart has but the tenderness of tears as its only recourse?

Heart. Tenderness. Tears. Who scrubs words in the wide open waters of the rivers; the most lost, the most dishonored, the most downtrodden, the most betrayed?

Who, facing injustice, offers a streaming face, who names joy on the right and agony on the left, who starts the morning afresh like a nativity?

Noel. Love. Peace. What panner for gold rinses sand and stones in the stream? For just one word shelling itself like a walnut, the flash of the Word soars at its birth.

→>—<←

VILLES EN MARCHE

Villes en marche sur l'eau, places de sel, nénuphars de pierre,

Îles dévalant les pentes de mer, vent debout, soleil en proue,

Bouquets amers au faîte des vagues, lumière géranium aux crêtes
des coqs verts rangés,

Flux et reflux, remue-ménage de soleil, retombées soudaines de
manteaux saumâtres, nuit, pleine nuit,

Cortège de haute mer revenu, le port comme une étoile, lit ouvert
crissant le goémon et le zeste,

Barques amarrées, balancées, jour en fête, cœur hissé sur la mer
parmi les algues,

Paumes ouvertes, d'étranges ibis très bleus vont y boire en silence,

Toute la douceur respire largement alentour. La terre entière s'est
apprivoisée.

→›‹←

CITIES SETTING OUT

Cities setting out on the water, salt squares, stone water-lilies,

Islands racing down slopes of the sea, head-wind, sun at the prow,

Bitter bouquets hoisted on the wave, geranium light on rows of green cockscombs,

The tread of waters, commotion of the sun, the sudden fall of brackish cloaks, night, dead of night,

Cortege come back from the high seas, port like a star, open bed, grinding seaweed and rind,

Boats moored, balanced, day at half-mast, the heart laid out among algae,

Open palms where very blue, strange ibis go to drink in silence,

All around, total tenderness breathes deeply. The whole earth has tamed itself.

LES OFFENSÉS

Par ordre de famine les indigents furent alignés
Par ordre de colère les séditieux furent examinés
Par ordre de bonne conscience les maîtres furent juges
Par ordre d'offense les humiliés furent questionnés
Par ordre de blessure les crucifiés furent considérés.
En cette misère extrême les muets venaient en tête
Tout un peuple de muets se tenait sur les barricades
Leur désir de parole était si urgent
Que le Verbe vint à leur rencontre de par les rues
Le faix dont on le chargea fut si lourd
Que le cri « feu » lui éclata du cœur
En guise de parole.

→>–◁←

THE OFFENDED

By rank of hunger, the indigents were lined up
By rank of anger, the seditious were examined
By rank of good conscience, the masters were judged
By rank of offense, the humiliated were interrogated
By rank of mutilation, the crucified were considered.
In this extreme misery the mutes came to the front lines
A whole nation of mutes stayed on the barricades
Their desire for the word was so urgent
That the Verb came through the streets to meet them
The burden it was charged with was so heavy
That the cry "fire" exploded from its heart
Disguised as a word.

✦

COURONNE DE FÉLICITÉ

La mort en louve morte changée
Cadavre pierreux à l'horizon brûlé

Le rêve petites fumées de village
Fument cent maisons dos à dos

Les dormeurs nagent dans une nuit sans étage
Fleurant l'algue et la mer

Ton visage lumière
Éveil
La vie d'un trait
L'amour d'un souffle

Le jour recommence
La nuit passe la ligne des eaux
L'aube toutes ailes déployées
Illumine la terre

La joie à bout de bras
Le poème au sommet de la tête hissé
Couronne de félicité.

➤➤◄◄

CROWN OF JOY

Death changed into a dead she-wolf
Rocky cadaver on the burnt horizon

The dream frail smoke of the village
A hundred houses smoking back to back

The sleepers swim in a tierless night
Smelling of algae and the sea

Your face of light
Awakens
Life with one stroke
Love with one breath

Day begins again
Night crosses the line of waters
All wings deployed dawn
Illuminates the earth

Happiness at arm's length
The poem hoisted to the top of the head
Crown of joy

LE PIANO

Il a suffi d'une note légère
D'un seul doigt frappée
Par un esclave tranquille

Une seule note un instant tenue
Pour que la clameur sourde des outrages
Enfouis au creux des veines noires
Monte et se décharge dans l'air immobile

Le maître ne sachant que faire
Devant ce tumulte
Ordonne qu'on ferme le piano
À jamais.

→>—<←

THE PIANO

The slightest note sufficed
A single finger's tap
By a quiet slave

A single note held a single instant
For the dull clamor of outrage
Buried in the hollow of black veins
To rise and launch itself in the motionless air

Not knowing what to do
With such tumult the master
Ordered the piano closed
Forever

LA PAGE BLANCHE

La page blanche
Devant moi
N'espère que toi
Sur la feuille nue

Lisse neigeuse à perte de vue
Belle page étale
Ne vient que la finesse de tes os
Subtile apparition

Grand squelette debout
En filigrane gravé
Au bout de mes doigts
Sur la transparence du jour.

THE BLANK PAGE

The blank page
In front of me
Wants nothing more
Than you on the naked sheet

Lithe woman swimming out of sight
Lovely smooth page on display
Nothing surfaces but the fineness of your bones
Subtle apparition

Tall standing skeleton
Watermark
At my fingertips
On the day's transparency.

→►◄←

LA SŒUR DE CHARITÉ

La sœur de charité est bonne
Mange l'ombre du couteau sur le mur

La sœur de charité est robuste
À trois reprises plonge l'arme entre tes côtes

La sœur de charité est aveugle
Ignore à jamais l'effroi de tes prunelles salées.

THE SISTER OF CHARITY

The sister of charity is good
She eats the knife's shadow on the wall

The sister of charity is robust
Three times running she plunges the blade between your ribs

The sister of charity is blind
She always ignores the horror in your salty eyes.

POUR UN PHÉNIX

Cendres soufflées
Reforme tes ailes
Plume à plume

Reparais face au soleil
L'œil grand ouvert

Fixe à nouveau
L'astre du jour

L'éternité se retourne
Sur sa couche de feuilles mortes

FOR A PHOENIX

Blown cinders
Reshape your wings
Feather by feather

Reappear facing the sun
Great open eye

Fix the day's
Star anew

Eternity is rolling over
On its bed of dead leaves.

DESSIN D'ENFANT

Le soleil mis à gauche dans le ciel
Comme un père mort jeté par-dessus l'épaule
La fille de feu plie les linges de la nuit
Lave toutes ténèbres et commence le jour
Sans plus de larmes qu'un droit pilier de sel.

→⤞⤝←

CHILD'S DRAWING

The sun is hung crooked in the sky
Like a dead father thrown over your shoulder
The girl of fire folds the linens of night
Washes away all darkness and begins the day
With no more tears than a straight pillar of salt.

RENCONTRE

L'homme qui marche dans la nuit
Brille à travers ses larmes
Comme un feu sourd dans le brouillard
Halo du prisme autour de ses épaules
L'ombre portée de son cœur à ses pieds.

ENCOUNTER

The man walking in the night
Shines through his tears
Like a heavy fire in the fog
The prism's halo around his shoulders
The shadow cast from his heart to his feet.

SOMMEIL

Un bol d'air noir
Bu les yeux fermes
Ta tête lourde
Sur mon épaule
La nuit se referme
Comme l'eau.

SLEEP

A bowl of black air
Drunk with closed eyes
Your head heavy
On my shoulder
Night closes up again
Like water.

-+->-<+-

PARMI LES AULNES

Une blanche statue
Parmi les aulnes
Simule à s'y méprendre
Ta forme pure

En dépit des génies contraires
Dure
Autant que le jour.

AMONG THE ALDERS

A white statue
Among the alders
Mistakenly feigns
Your pure form

Despite contrary genies
Endures
As much as the day.

LE JOUR N'A D'ÉGAL QUE LA NUIT

Mon amour se lave de la nuit
Son âme franchit des bruines fines
Émerge de l'aube
Se montre de face
Et de profil
Cherche son corps léger
Sous les draps
Pour n'aimer que moi.

DAY HAS NO EQUAL BUT NIGHT

My love washes off the night
Leaping through thin drizzles its soul
Emerges from dawn
Shows itself off
Profile and face
Hunts its light body
Under the sheets
To love no one but me.

LES TOURNESOLS

Graines de volcans
Germent les soleils
Mis en rang
Beaux tournesols amers

La pluie maternelle
Intervint à temps
Chaude et grasse
En noya quelques-uns.

SUNFLOWERS

Seeds of volcanoes
Germinating suns
Arranged in rows
Handsome bitter sunflowers

Warm and thick
The maternal rain
Intervening sometimes
Drowns a few.

LE PAIN

Derrière la grille le pain
Cuit doucement
De l'autre côté la faim
S'agenouille
Seule l'odeur franchit l'espace
Désir.

→>—<-

BREAD

Behind the grill the bread
Softly bakes
On the other side hunger
Kneels
Only odor bridges the space
Desire.

LE CRI

Le cri filé d'un trait
Tendu droit
D'une seule volée
À la pointe du cœur.

THE CRY

The cry flung straight
Like an arrow
In one shot
To the tip of the heart.

CHER AMOUR

Flamme vacillante
Rabattue par le vent
Ferme les yeux
Cligne et meurt
Tandis que la suie
Redessine tes traits absents
Fait de toi un paysage noir
De la pointe des orteils
À la racine des cheveux
Sombre paradis.

→>◄-

DEAR LOVE

Flickering flame
Beaten by the wind
Close your eyes
Blink and die
While the soot
Restructures your absent features
Makes a black landscape of you
From the tip of your toes
To the root of your hair
Dark paradise.

PARRICIDE

Dieu qu'on saisit par les ailes
En pleine activité
Haut vol
Création du monde
N'a pas livré son secret

Au piège de nos doigts
Papillon mystique
Ne reste que poussière d'or
Que le vent disperse au loin.

-+->-<+-

PARRICIDE

God that we catch by the wings
Hard at work
High flying
Creation of the world
Hasn't given away his secret

In the trap of our fingers
The mystical butterfly
Leaves no more than gold dust
The wind scatters far and wide.

OISEAU DE GIVRE

Ne cherche plus ton visage égaré
Dans des villes étrangères
Ne reste plus que larmes de gel
Oiseau de givre à la voix cassée
Comme une vitre.

HOARFROST BIRD

Don't look for your mislaid face
In strange cities anymore
Nothing's left but tears of ice
Hoarfrost bird whose voice is
Shattered like a windowpane.

APPARITION

Ayant atteint sa taille parfaite
La géante bouge dans l'ombre
Et fait vaciller la chambre sous son poids

Sa grandeur s'étire et s'étale
Contre les cloisons de bois
Touche le plafond d'ébène

Son œil creux luit
Comme un puits
Dans les ténèbres

Sa respiration forte comme une marée d'équinoxe
Soulève ses côtes d'ivoire
On peut voir son cœur rougeoyant
Entre les barreaux blancs
Ossuaire et splendeur

Sans déchirer l'air ni rompre la nuit
Dans les ténèbres grasses
Elle médite et cherche obstinément

Le point le plus fin
Pour y plonger son couteau
La prunelle de mes yeux.

APPARITION

Having attained her perfect size
The giant moves in shadows
And makes the room sway with her weight

Her grandeur stretches and sprawls
Against the wooden walls
Touches the ebony ceiling

Her deep eye shines
Like a well
In the darkness

Like an equinoctial sea her strong breaths
Lift her ivory ribs
We can see her heart glowing
Between the white bars
Charnel house and splendor

Without tearing the air or piercing the night
In the thickness of darkness
She meditates and obstinately searches for

That best time
To plunge her knife
In the iris of my eyes.

→>-<-

POÈMES NOUVEAUX
1987–1989

-+>-<+-

NEW POEMS
1987–1989

-⟩≻≺⟨-

TERRE BRÛLÉE

Les soleils excessifs de ces sols brûlés
Ont l'ardeur secrète des pierres mortes.

Leurs prunelles depuis longtemps soufflées pareilles
    à des bougies
Luisent sourdement au plus creux de la terre
Semblables à des volcans endormis.

D'un lieu d'exil froid comme la lune
Dans la cendre et la lave grise
Ils émettent d'étranges rayons en secret

Oiseaux fous la tête sous l'aile
Occupés à manger leur cœur
Qui scintille
Comme la neige.

SCORCHED EARTH

The excessive suns of these scorched lands
Have that secret ardor of dead stones.

Blown out long ago like candles their eyes
Shine with a dull glow at the heart of the earth
Like sleeping volcanoes.

From their place of exile cold as the moon
In ashes and gray lava
They secretly emit strange rays

Mad birds their head under their wing
Absorbed by eating their heart
That shines
Like the snow.

-+->-<+-

L'ANGE GARDIEN

L'ange qui marche obstinément derrière toi
D'un soleil à l'autre
Ne projette aucune ombre sur la route
Pareil au vent qui passe.

Il murmure des paroles graves
Dans l'air plein d'abeilles
Et sans cesse soupèse ton âme en secret
Installe ses balances fines
Jusqu'au cœur noir de la nuit.

Si d'aventure il écartait ses doigts pleins de bagues
Dessus sa face auguste
L'éclat de son feu te surprendrait comme la foudre

Tu verrais du même coup
Dans un éclair
Luire ses hautes bottes vernies
Incrustées de miroirs polis
Et battre ses ailes immenses blanches
Si blanches et douces
Comme de la mousse
D'une telle douceur blanche
Que plus d'un enfant s'y noya
Désirant y poser sa tête.

·➤◄·

THE GUARDIAN ANGEL

The angel that obstinately walks behind you
From one sun to another
Like the passing wind
Casts no shadow on the route.

It murmurs grave words
In the bee-filled air
And always secretly weighs your heart
Installs its fancy scales
At the blackest heart of night.

If by chance it spread its ring-covered fingers
Across its noble face
The clap of its fire would surprise you like thunder

In that same bolt
Of lightning you would see
The shine of its high varnished boots
Encrusted with polished mirrors
The beating of its immense white wings
So white and soft
Like a moss
So softly white
That more than one child wanting
To rest its head drowned there.

-+->-<+-

JARDIN DÉVASTÉ

Les cornettes fripées
De ces hauts lis fanés
Ont l'allure calme
Sur leurs tiges droites
Des épouvantails
Balancés par le vent.

Et l'âme en peine
Des nonnes disparues
Qui flotte dans l'air bleu
Ne trouve aucun point
Ou se poser
Et clamer sa plainte.

->-<-

DEVASTATED GARDEN

The wrinkled wimples
Of these tall faded lilies
On their straight stems
Have the same calm look
As scarecrows
Balanced by the wind

And the grieving souls
Of vanished sisters
Floating in the blue air
Can't find a single spot
To land on
And wail their lament.

LES VIEUX

Parmi les troncs griffus des citronniers
Sous les feuillages chantants
Piqués de fruits d'or
Ils promènent leurs os cassants
D'un air faussement distrait.

Insectes et fleurs interchangeables
Ils se reconnaissent de loin
Se flairent à distance
Captent un pollen dans l'air
Un amour en perdition qui s'évapore.

Ils se saluent profondément
Se font des tas de petites manières polies
Parlent du beau temps et de la pluie

Insomnies douleurs et courants d'air
Sont évoqués avec déférence

Intarissables comme si le temps leur appartenait encore
Ils semblent ignorer qu'ils sont morts
Depuis pas mal d'années.

THE OLD

Among the clawing trunks of lemon trees
Under the singing leaves
Loaded with golden fruit
They promenade their breaking bones
With a misleading absent-minded air.

Interchangeable insects and flowers
They recognize each other from afar
They sniff each other in the distance
Capture pollen in the air
A doomed love that's evaporating.

They bow to each other deeply
Make piles of their little polished ways
Talk about good weather about rain

Insomnias aches and drafts of air
Are called on without deference

Inexhaustible as if time still belonged to them
They seem to ignore that they've been dead
For a number of years.

CHANT DE CLOCHES

Un chant de cloches
Au creux de la vallée
Monte comme une fumée brune
Franchit la montagne
Se mêle aux nuages
Fait le tour de la terre
Atteint mon âme dormante
Dans un repli de songe.

A SONG OF BELLS

A song of bells
In the hollow of the valley
Rises like an umber mist
Leaps over the mountain
Mingles with clouds
Sails around the world
Reaches my dozing soul
In a recess of dream.

L'OFFENSE FAITE AU JARDIN

Les vivants dans le jardin
Ont tondu la pelouse vert-de-gris
Tuant toute musique au creux des nids

Ne voient pas le jour
Couvrent leurs paupières
Avec des mains pleines de bagues

Oublient de respirer la rose
Qui s'offusque derrière ses épines

La plus légère s'enfuit à toutes jambes
Échevelée piétinant les plates-bandes

Son cœur d'oiseau devient visible
À travers sa robe transparente

Elle court si vite
Que les morts ont de la peine à l'appréhender
Sur la ligne d'horizon

Lui font aussitôt grief
De l'offense faite au jardin
Qui s'efface déjà sur le ciel
Comme une abeille
En plein vol.

THE OFFENSE AGAINST THE GARDEN

Those living in the garden
Mowed the verdigris lawn
Killing all the music at the heart of nests

They don't see the day
They cover their eyelids
With jeweled hands

They forget to breathe the rose
That's offended behind her thorns

The light one runs off at full speed
Disheveled trampling the flower-beds

Her bird's heart becomes visible
Through her transparent dress

She runs so fast
The dead can hardly catch her
On the horizon's line

Immediately resent her
For the offense against the garden
Already erasing itself in the sky
Like a bee
In full flight.

MATIN ORDINAIRE

C'est un matin ordinaire
Tout gris de nuit
Comme une taupe secoue la terre
Sur son pelage d'argent
Cligne des yeux au sortir
D'un long souterrain noir
Se remet à vivre
Lentement
Comme à regret
Tandis qu'une boule de feu
Derrière les nuages
Prépare sa lumière crue
Sans ménagement
Aiguise mille couteaux flamboyants.

ORDINARY MORNING

It's an ordinary morning
All gray with night
Like a mole shaking dirt off
Her silver fur
She blinks her eyes at the door
Of the long black tunnel
Starts living again
Slowly
As if with regret
While a ball of fire
Behind the clouds
Prepares its raw light
And with no fuss
Sharpens a thousand flaming knives.

SILENCE

Nerfs à vif
Comme tessons de bouteille
Voici le silence
En pluie bienfaisante
Qui s'affale
Tout à coup
Sur l'asphalte
Et fait des flaques fraîches.

SILENCE

Nerves raw
Like pieces of broken bottles
And now the silence
A benevolent rain
That suddenly
Spills
On the asphalt
And makes fresh pools.

LE CŒUR SARCLÉ

Le cœur sarclé
En plein soleil
Cet amour qu'il faut
S'arracher d'entre les côtes
À midi
Parmi le feu de l'été.

THE WEEDED HEART

The heart weeded
In broad daylight
This love that must be
Torn out between our ribs
At noon
In the summer's fire.

REFERME L'EAU

Referme l'eau comme un lit
Tire l'eau lisse sans un pli

Songe à l'euphorie du nageur
À la vitesse de son cœur fluide
De l'autre côté du monde
Dans l'étirement de sa joie

La vie étrange luit dans ses cheveux
Blanche comme le sel.

CLOSE UP THE WATER

Close up the water like a bed
Tug the water smooth without a wrinkle

Dream of the swimmer's euphoria
The swiftness of her fluid heart
On the other side of the world
In the stretching of her joy

A strange life glows in her hair
White as salt.

NUIT D'ÉTÉ

La ville entière dans sa clameur nocturne
Déferle en lames sonores

Passant par les hautes fenêtres de la canicule
La basse des rockeurs accompagne sourdement
Le Salve Regina des Intégristes

Rires paroles incohérentes chuchotements
Vrombissements et pétarades

Odeurs odeurs fortes à mourir
Poussières et cendres étouffantes
Pollens volants et chats errants

Les petites vieilles qu'on torture et qu'on assassine
Dans des chambres fermées
Demeurent secrètes et cachées
Jusqu'à la fin
Sans aucun cri perceptible
Dans la ville noire tonitruante
Foires des nuits orageuses
Garçons et filles se flairent
Dans des touffeurs d'étuve
Trafiquent l'amour et la drogue
Sous le néon strident
Sous la voûte sombre des ruelles

Tandis qu'au ciel sans lune ni soleil
Des devins obscurs leur promettent l'étoile parfaite
Délices et mort confondues en un seul éclair.

→>—<←

SUMMER NIGHT

In its nighttime clamor the entire city
Erupts in loud swells

Passing through tall windows of scorching heat
The rockers' thudding bass accompanies
The Salve Regina of Integrists

Laughs incoherent words whispers
Hums and back-fires

Smells smells strong enough to kill you
Stifling dust and cinders
Flying pollens and roaming cats

Old women tortured and murdered
In closed rooms
Remain secret and hidden
To the very end
With no discernible cry
In the black booming city
Fairground of stormy nights
Young men and women sniff each other
In the suffocating heat of steam baths
Traffic in love and drugs
Under the strident neon
Under the shaded vault of alleys

While in the sky without a moon or sun
Vague predictions promise them the perfect star
Ecstasy and death fused into a single lightning bolt.

+>-<+

QUE DIEU SOIT

Balancé par le songe
Sommé d'exister
Dieu qu'on nomme
Et sacre en haute mer
Grande face obscure
À la surface des eaux
Dieu qu'on interpelle
Sur la ligne d'horizon
Dieu
Paraissez
Dans le sel et l'écume
Soyez
À ma demande
Feu noir
Qu'on presse
Et désire
Dieu
Vivez
De la pointe de l'aube
À la racine du soleil
Total et entier
Franchissant la barre du jour
Émergeant des ténèbres
Et du néant opaque
À ma faim à ma soif
Rendez-vous
Devenez l'océan vivace
Sur son aire établi
Ni source
Ni embouchure
Absolu
En son grondement
Qui remonte

LET GOD BE

Balanced by dreams
Summoned to exist
God that we call on
And curse on high seas
Great obscure face
On the water's surface
God that we question
On the horizon's line
God
Appear
In the salt and spray
Be
At my demand
Black fire
We press
And desire
God
Live
From the tip of dawn
To the root of the sun
Total and complete
Crossing the bar of day
Emerging in darkness
And from that opaque void
Deliver yourself
To my hunger my thirst
Become the lasting sea
On its settled zone
Neither absolute
Spring
Nor mouthpiece
In its growl
That leaps

Et descend
Sur le sable
Comme un éclair
Qui me passe
Et repasse
Sur la face
Et brûle
À mesure
Son propre sang
Qui ruisselle
Sans fond
Et recommence
Sans fin
L'aurore éclatante.

Up and down
On the sand
Like a bolt of lightning
That crosses
And recrosses
My face
And all along
Burns
Its own blood
That endlessly
Flows
And without end
Begins the blinding
Dawn again.

UNE FOIS SEULEMENT

C'était en des temps si obscurs
Que nulle mémoire profane n'en garde trace

Bien avant les images et les couleurs
La source du chant s'imaginait
À bouche fermée
Comme une chimère captive

Le silence était plein d'ombres rousses
Le sang de la terre coulait en abondance
Les pivoines blanches et les nouveau-nés
S'y abreuvaient sans cesse
Dans un foisonnement de naissances singulières

L'oiseau noir dans son vol premier
Effleura ma joue de si près
Que je perçus trois notes pures
Avant même qu'elles soient au monde

Une fois, une fois seulement,
Quelque chose comme l'amour
À sa plus haute tour
Que se nomme et s'identifie

Le secret originel
Contre l'oreille absolue révélé
Dans un souffle d'eau
Candeur déchirante
Fraîcheur verte et bleue

Une fois, une fois seulement,
Ce prodige sur ma face attentive

JUST ONCE

It happened in such far-off times
There is no trace of it in secular memory

Long before images and colors
The source of song imagined
Its mouth was closed
Like a captive chimera's

The silence was full of red shadows
The earth's blood overflowed
The white peonies and the newborns
Constantly quenched themselves
In a festering of strange roots

On its first flight the black bird
Grazed my cheek so closely
That I heard three pure notes
Even before they were in this world

Once, just once
Something like love
Atop its highest tower
That names and identifies itself

The original secret
Revealed in the absolute ear
In a whisper of water
Heart-breaking candor
Green and blue freshness

Once, just once
This marvel on my attentive face

Ceci, quoique improbable, je le jure,
Sera plus lent à revenir
Que la comète dans sa traîne de feu.

→>—<←

This, although improbable, I swear,
Will be slower coming back
Than the comet in its train of fire.

✦✦✦

LEÇON DE TÉNÈBRES

S'endormir debout
Comme un arbre
Dans la nuit

Sans cils ni paupières
Les yeux grands ouverts
S'emplir de nuit
À ras bord

Le cœur noir de la nuit
Ruisselle sur mon cœur
Change mon sang
En encre de Chine

La nuit fluide coule dans mes veines
Je m'enracine en forêt noire
Chevilles liées
Âme dissoute dans la nuit

Immobile
Attendre que les temps soient révolus
Dans l'espoir d'une petite étoile
À l'horizon couleur de suie.

>-<

THE LESSON OF DARKNESS

Falling asleep on your feet
Like a tree
In the night

Without eyelash or eyelids
Eyes wide open
Filling up to the brim
With night

The black heart of night
Streams over my heart
Changes my blood
Into India ink

The fluid night flows in my veins
I root myself in a black forest
Ankles pinned down
Soul dissolved in the night

Immobile
Waiting for the times to be over
While hoping for some small star
On the horizon the color of soot.

BEL ÉTÉ

Soleil à tue-tête
Sur la mer à midi
Flèches d'or
Ardente déraison
Je file sous l'eau verte
À la recherche de l'âme du feu
Qui brille parmi les algues.

✦

LOVELY SUMMER

Head-splitting sun
On the sea at noon
Golden shafts
Ardent nonsense
I speed under green water
Searching for the fire's soul
Shining in seaweed.

BAIGNEUSE

Soleil en pluie sur la mer
Soleil roux soleil jaune
Blanc soleil de midi
Bleu soleil sur la mer
Mélange des eaux et du feu
À midi.

Onde profonde où je descends
Mer verte mer bleue
Rutilante
Verte bleue
Profonde où je descends

Du bout de l'eau ramenée
Remonte à la surface
Comme une bulle de jour
Poisson d'argent
Sur le dos sur le ventre
Criblée de flèches d'or

Invente à loisir
Des pièges fins
Des écluses tranquilles
Des nasses liquides
Pour saisir le soleil
Entre mes doigts mouillés.

+>-<+

SWIMMING WOMAN

A sun shower on the sea
Red sun yellow sun
White sun of noon
Blue sun on the sea
Blend of water and fire
At noon.

Deep wave I plunge into
Green sea blue sea
Glittering
Deep blue green
I plunge into

Hauled from the water's depths
Leap to the surface
Like a balloon of daylight
Silver fish
On the back on the belly
Riddled with golden shafts

Leisurely invent
Clever traps
Quiet locks
Liquid nets
To catch the sun
Between my wet fingers.

L'AIDE-MÉNAGÈRE

Toute sa misère cachée
Sous un tas de fagots
Lié sur son dos
Dans l'aube cotonneuse

La vieille se traîne et meurt
Aussitôt disparaît
Brindille sèche
Parmi les branches mortes

Le jour recommence à l'horizon
Un coup de chiffon
Sur ciel et terre
Efface nuées éparses et vieille morte
Cela grâce à une aide-ménagère
Venue d'on ne sait où

Transparente dans la lumière revenue
Elle trône pleine de gaieté
Soucieuse de la pureté du jour
Et de l'oubli souverain de la terre en marche.

DOMESTIC HELP

All her misery hidden
Under a pile of firewood
Tied to her back
In the cottony dawn

The old woman drags herself and dies
Disappears at once
Dry twig
Among dead branches

Day begins again on the horizon
The stroke of a rag
Across the sky and earth
Erases scattered clouds and the dead old woman
Thanks to domestic help
Come from who knows where

Transparent in the light that has returned
Filled with gaiety now she rules
Anxious about the purity of day
And the sovereign oblivion of the spinning earth.

→><←

ÉTRANGE CAPTURE

Du côté du pôle arctique
On a remué le champ de neige
À perte de vue désirant prendre au piège le soleil

On a tendu des filets de givre
Roulé des blocs de glace indigo
Brassé des millénaires de neige vierge
Tout un appareillage de fin du monde

À l'heure du couchant
Avant qu'il ne bascule
Derrière l'horizon neigeux
Le soleil fut appréhendé
Au plus vif du cercle polaire
Mis en cage dans un glacier transparent

Longtemps on a pu voir son cœur jaune
Battre à travers le gel
Émettre d'étranges rayons froids
Comme une lune maléfique
Dans la nuit noire
Tandis que tout un peuple transi
Suppliait l'inhumaine boule safran
De quitter sur-le-champ la carte du monde.

→>—<←

STRANGE CAPTURE

Around the arctic pole
Wanting to cage the sun we plowed under
A field of snow as far as the eye could see

We spread out nets of frost
Rolled blocks of indigo ice
Braced the millennium with virgin snow
All the apparatus of the apocalypse

At sunset
Before it could topple over
Behind the snowy horizon
The sun was captured
At the heart of the polar circle
Caged in a transparent glacier

For a long time we could see
Its yellow heart beat through the ice
Emit strange cold rays
Like an evil moon
In the black of night
While an entire numb nation
Begged the inhuman saffron ball
To quit the map of the world out-of-hand.

→>< +-

LES ÂMES MORTES

Les âmes mortes qui voltigent au plafond
Pareilles à des hiboux surpris par la lumière
À tant tourner se cognent les unes contre les autres
Prunelles crevées plumes broyées ergots épars
Éclatent et se brisent
Retombent en mille éclairs qui se déchirent
Comme une pluie acide une grêle noire
Atteignent en flèches vives mon corps et mon âme
Se piquent au plus creux de mes os.

→►◄←

DEAD SOULS

Dead souls fluttering to the ceiling
Like owls surprised by light
Spinning so much they bump into each other
Punctured eyes crushed feathers lost spurs
Explode and shatter
Fall back in a thousand shredded flashes
Like an acid rain a black hail
Reaching my body and soul as sharp arrows
They lunge for the pit of my bones.

→>◄─

LES SAULES

Les saules pensifs
Lissent leur chevelure printanière
Au bord de la rivière
S'éprennent de leur reflet d'or
Dans l'eau claire
Se penchent tant et tant
Qu'il s'en noie quelques-uns.

WILLOWS

The pensive willows
Smooth their spring-like hair
Next to the river
Taken by their golden reflection
In the clear water
They lean so much so much
Some drown themselves.

DE TOUTES PETITES PEINES

De toutes petites peines
Quotidiennes
Posées sur le pré à midi

Larmes d'enfants
Mises à sécher sur l'herbe verte

Fondent au soleil
Montent au ciel
Si légères et transparentes

Se mêlent aux nuages
Ne laissent dans l'air pur
Nulle trace ni plainte visible.

+>-<-

TINY LITTLE PAINS

Tiny little pains
Ordinary ones
Strewn on the meadow at noon

Children's tears
Laid out to dry on the green grass

Melt in the sun
Rise to heaven
They're so light and transparent

They mingle with clouds
Leaving no visible trace or complaint
In the pure air.

SOUS LA VOÛTE CÉLESTE

Haines et saisons
Tourne la planète
Dans l'air troué de balles

À chaque seconde
Une étoile de feu
Éclate dans la chair humaine

Tendre pâture
Du bout du monde rassemblée
Livrée aux maîtres de la terre

Sous la voûte céleste
D'un bleu d'outremer.

UNDER THE CELESTIAL VAULT

Hatred and seasons
Turn the planet
In the air torn by bullets

Each second
A star of fire
Explodes in human flesh

Tender fodder
Gathered at the ends of the earth
Offered to the rulers of the world

Under the celestial vault
An overseas blue.

LES FUSILLÉS

Dans le petit matin
Alignés contre le mur
Ils ont des mains puissantes
Des chemises déboutonnées
Des dents de loup
L'allure cavalière
Fument par tout le corps l'honneur de vivre
Comme une fumée légère
Qui s'éloigne d'eux
Très vite
À mesure
Que file le sang
Criblé de balles.

THE EXECUTED

Very early in the morning
Lined up against the wall
They have heavy hands
And unbuttoned shirts
Wolf's teeth
That cavalier look
Out of their whole body the honor of living fumes
Like a thin smoke
Moving away from them
Very fast
As long as
The bullet riddled
Blood flows.

SOLEIL DÉRISOIRE

Soleil jaune au poing
Elle s'appelle Liberté
On l'a placée sur la plus haute montagne
Qui regarde la ville
Et les pigeons gris l'ont souillée
Jour après jour

Changée en pierre
Les plis de son manteau sont immobiles
Et ses yeux sont aveugles
Sur sa tête superbe une couronne d'épines et de fiente

Elle règne sur un peuple de tournesols amers
Agités par le vent des terrains vagues
Tandis qu'au loin la ville fumante
Se retourne sur son aire
Et rajuste les chaînes aux chevilles des esclaves.

→>—<+

PATHETIC SUN

A yellow sun on her wrist
She is called Liberty
She was placed on the highest mountain
Overlooking the city
And gray pigeons dirtied her
Day after day

Turned into stone
The folds in her cloak are motionless
And her eyes are blind
On her superb head a crown of thorns and droppings

She rules a nation of bitter sunflowers
Agitated by wind from waste lands
While far away the fuming city
Turns over in its own place
And tightens the ankle-chains of slaves.

ANNE HÉBERT

Born in Sainte-Catherine-de-Fossambault, near Québec, in 1916, Anne Hébert is internationally renowned as a major world poet and Canada's most important French poet of the twentieth century. Her previous collections of poetry include: *Les Songes en équilibre* (1942), *Le Tombeau des rois* (1953), and *Poèmes* (1960). Her novels — including *Kamouraska, Les Enfants du sabbat, Les Fous de bassan, Le Premier jardin* and *L'Enfant chargé de songes* — are also recognized as masterpieces of French fiction.

Anne Hébert has been the recipient of every major literary award in Canada, including the Prix du Gouverneur Général, the Prix David de la Province du Québec, and the Prix Molson du Conseil des Arts au Canada. In addition to having been nominated for the Prix Goncourt, she also has been the recipient of major literary awards in France, including the Prix France-Canada, the Prix des Librairies, the Grand Prix du Roman de l'Académie française and the Prix Femina.

Since 1955 Anne Hébert has divided her time between Canada and France. In 1987 *Anne Hébert: Selected Poems*, translated by A. Poulin, Jr., was published in the United States by BOA Editions, Ltd.

➤➤◄◄

A. POULIN, JR.

A. Poulin, Jr. was born in Lisbon, Maine, in 1939 of French-Canadian immigrant parents. The recipient of fellowships from the National Endowment for the Arts (for both poetry and translation), The Translation Center of Columbia University (for translation), The New York Foundation for the Arts (for poetry), and a Faculty Programme Enrichment grant from the Embassy of Canada, Mr. Poulin's more recent books of poems are *A Momentary Order* (Graywolf Press, 1987) and *Cave Dwellers* (Graywolf Press, 1991).

The highly acclaimed translator of Rainer Maria Rilke's two major German sequences, *Duino Elegies* and *The Sonnets to Orpheus* (Houghton Mifflin, Co., 1977), and of *The Complete French Poems of Rainer Maria Rilke* (Graywolf Press, 1986), as well as the translator of *Anne Hébert:SelectedPoems* (BOA Editions, 1987), A. Poulin, Jr. is also founding Editor-Publisher of BOA Editions, Ltd., and currently resides in Brockport, New York, with the jeweler and his friend of twenty-nine years, Boo Poulin.

-⊱⊰-

BOA EDITIONS, LTD.
NEW AMERICAN TRANSLATIONS SERIES

Vol. 1 *Illuminations*
Poems by Arthur Rimbaud
Translated by Bertrand Mathieu
Foreword by Henry Miller

Vol. 2 *Exaltation of Light*
Poems by Homero Aridjis
Translated by Eliot Weinberger

Vol. 3 *The Whale*
and Other Uncollected Translations
Richard Wilbur

Vol. 4 *Beings and Things on Their Own*
Poems by Katerina Anghelaki-Rooke
Translated by the Author
in Collaboration with Jackie Willcox

Vol. 5 *Anne Hébert: Selected* Poems
Translated by A. Poulin, Jr.

Vol. 6 *Yannis Ritsos: Selected Poems 1938-1988*
Edited and Translated
by Kimon Friar and Kostas Myrsiades

Vol. 7 *The Flowers of Evil and Paris Spleen*
Poems by Charles Baudelaire
Translated by William H. Crosby

Vol. 8 *A Season in Hell and Illuminations*
Poems by Arthur Rimbaud
Translated by Bertrand Mathieu

Vol. 9 *Day Has No Equal but Night*
Poems by Anne Hébert
Translated by A. Poulin, Jr.